Ein großes Dankeschön geht an Julie Platel vom Parc de Thoiry, an Sylvain Macchi vom Parc des Loups du Gévaudan, an Samuel Martin von der Krokodilfarm, an Jean-Pascal Guéry im Tal der Affen, an Grégory Breton vom Parc des Félins und an Eric Bairrão Ruivo vom ZooParc de Beauval.

Außerdem bedanke ich mich bei Arnaud Greth der Noé Conservation, beim Takh-Verein zur Rettung der Przewalski-Pferde, beim Vogelpark Walsrode, bei Jonas Livet von www.leszoosdanslemonde.com und bei Pierre de Chabannes von www.photozoo.org. – A.-S. B.

Dieses Werk wurde von Éditions MILAN realisiert in Zusammenarbeit mit:
Hélène Huguet, Anne Caillère, Sylvaine Collart.

Entdecke den

Zoo

Text von Anne-Sophie Baumann
Illustrationen von Sophie Lebot

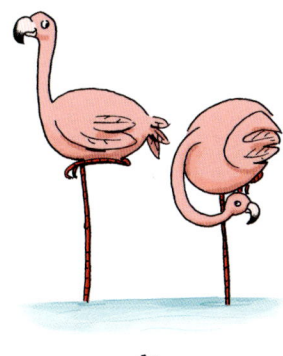

esslinger

Willkommen im Zoo!

Es ist neun Uhr: Der Zoo öffnet seine Pforten. Grooooar!
Hast du das Gebrüll gehört? Vielleicht war das ein Löwe!
Im Antilopen-Gehege säugt eine Springbock-Mutter ihr Junges.
Dort unten in der Steppe traben drei Zebras im Gleichschritt
vorwärts. Hier kannst du Tiere aus aller Welt von Nahem
betrachten, kannst ihre Lebensweise beobachten
und die Gefahren erkennen, denen sie hier und da in der Natur
ausgesetzt sind. Bist du bereit? Dann kann es losgehen!

Einmal um die Welt

Komm mit auf unsere Weltreise! Im Zoo kannst du Tiere von allen Kontinenten entdecken – aus Europa, Asien, Afrika oder Amerika. In ihrer Heimat leben die meisten Arten in freier Wildbahn. Einige sind jedoch vom Aussterben bedroht oder können nur noch in Gefangenschaft überleben.

Die meisten Tierarten kommen nur auf einem einzigen Kontinent vor.

Einige Tiere wie der Kanadische Biber sind nicht gefährdet. Auf dem nordamerikanischen Kontinent leben ungefähr zehn Millionen von ihnen in freier Wildbahn.

Bedrohte Tierarten schützen

Die Weltnaturschutzunion erstellt eine Rote Liste der gefährdeten Arten mit Kategorien wie „gefährdet" oder „vom Aussterben bedroht".

Der Streifenkiwi lebt in Neuseeland. Dieser Vogel kann nicht fliegen! Seine Art ist gefährdet, weil sie eine leichte Beute für die Hunde und Katzen wurde, die von den Menschen auf die Insel gebracht wurden.

Die Orang-Utans in den Wäldern der Insel Borneo sind vom Aussterben bedroht. Ihr Revier wird immer kleiner, weil die Menschen Bäume fällen, um Ackerbau oder Viehzucht zu betreiben.

Eine Art, ein Revier

Jede Tierart hat ihren eigenen Lebensraum: die großen Bäume im tropischen Regenwald oder die trockenen Steppen der Savannen, doch der Mensch gefährdet die Tiere, indem er ihren Lebensraum zerstört oder verschmutzt.

Der Spix-Ara, ein Papagei, überlebt nur noch in Gefangenschaft.

In der afrikanischen Savanne machen Wilderer Jagd auf Spitzmaulnashörner, deren Hörner sie für teures Geld verkaufen. Heutzutage sieht man sie kaum noch in der freien Natur: Sie sind vom Aussterben bedroht.

Von einem Tierpark zum nächsten

Nicht alle Zoos sehen gleich aus! In einigen werden die Tiere in Kleingehegen gehalten, in anderen haben sie sehr viel mehr Platz. Es gibt Zoos, wo Hunderte verschiedener Arten zu beobachten sind: Vögel, Säugetiere, Reptilien. Anderswo sieht man die Arten einer großen Tierfamilie, zum Beispiel der Affen oder Wölfe. Eins haben alle Zoos gemeinsam: Das Wohl ihrer Schützlinge ist das Wichtigste.

In einigen Tierparks geht man zu Fuß, andere entdeckt man mit dem Auto.

Tiere auf großer Fahrt

Die Zoos tauschen untereinander Tiere aus. Beispielsweise gibt ein Zoo ein männliches Stachelschwein ab, um Nachkommen zu züchten. Dafür bekommt er von einem anderen Zoo ein junges Erdmännchen, um den Bestand zu vergrößern.

In den alten städtischen Zoos, den Menagerien, sind die Gehege oft klein. Dort werden meistens kleine Tierarten wie dieser Weißkopfsaki gehalten.

In einem Tier- oder Wildpark, der sich meist auf dem Land befindet, haben Tiere aller Arten und Größen viel Auslauf in einem weitläufigen Gelände.

In einer Freianlage kann man
die Arten einer einzigen großen
Tierfamilie beobachten: zum
Beispiel Wölfe, Raubkatzen
oder Menschenaffen.

In regionalen oder nationalen Wildparks wie dem
Samburu Reservat in Kenia leben die Tiere
gemeinsam in Freiheit in ihrem eigenen Revier.

Die Zoogärtner wollen den natürlichen Lebensraum
der Tiere weitgehend nachahmen, sodass sie sich
möglichst wohlfühlen. Dieses Gehege kleiner Affen
wurde mit Farn, Unterholz und Mini-Wasserfällen
in einen kleinen Dschungel verwandelt.

Die Giraffen werden wach

9 Uhr 30: Die hohen Tore eines riesigen Gebäudes werden geöffnet und 1, 2, 3, 4 ... 5 Giraffen schreiten ins Freie! Nach einer guten Nacht in ihrem warmen Haus können sie sich endlich die Beine vertreten.

Für diese Riesen mit dem langen Hals ist schon alles vorbereitet: Das Frühstück wird in Körben serviert, die fünf Meter über dem Boden hängen.

Die Giraffenkuh wirft ihr Junges im Stehen: Die kleine Giraffe fällt aus zwei Metern Höhe!

Giraffen leben in der afrikanischen Savanne, die aus weiten Steppen besteht, wo hohe Gräser und Akazienbäume wachsen.

Kurze Pause

Die Giraffen verbringen die Nacht in ihrem Haus. Sie schlafen nur wenig und immer nur 20 Minuten am Stück, wie in der freien Natur. Denn dort müssen sie stets befürchten, von einem Löwen angegriffen zu werden.

Da sie einen langen Hals hat, kann die Giraffe die zartesten Blätter in der Krone der Akazie pflücken. Im Zoo bekommen Giraffen Luzerne in Hängekörben.

Nicht alle Giraffen haben das gleiche Fell. Die Netzgiraffe hat eher orangefarbene Flecken ...

... und die Flecken der Massai-Giraffe sehen aus wie Blätter.

Ganz schön schwierig, mit diesen langen Beinen zu trinken!

Deutliche Unterschiede

Bei den Tierarten gibt es oft eine große Vielfalt, die Unterarten. Die Art der Giraffe hat neun Unterarten, die alle verschieden sind!

Giraffen sind sehr kälteempfindlich. Sobald das Thermometer im Zoo unter 10 °C fällt, bleiben sie im beheizten Haus.

Die Elefanten bitte ins Bad!

Nun betrachten wir das Gehege der Asiatischen Elefanten! Es wird allmählich warm und die majestätischen Tiere möchten gern baden gehen ... Platsch! Platsch! Sie setzen im Wasser einen Fuß vor den anderen. Ein junger Elefant saugt mit dem Rüssel Sand ein und lässt ihn sich auf den Rücken rieseln. Im Nachbargehege lässt sich ein Afrikanischer Elefant seine Morgenmahlzeit schmecken.

In der brüllend heißen Savanne fächelt sich der Afrikanische Elefant mit seinen großen Ohren frische Luft zu, wie mit einem Fächer.

Rüssel sind für alles gut

Der Elefant benutzt den Rüssel wie einen Finger, um sich Futter ins Maul zu stecken, als Strohhalm, um Wasser zu saugen, und als Trompete für die berühmten lauten Elefantenschreie.

Der Asiatische Elefant hat viel kleinere Ohren als sein afrikanischer Verwandter. Im Dschungel ist es nicht so heiß wie in der Savanne.

14

Elefanten haben empfindliche Füße. Die Pfleger reinigen sie regelmäßig. Sie feilen auch ihre Stoßzähne und schneiden ihnen die Nägel, die sich im Zoo nicht so schnell abnutzen wie in freier Wildbahn.

Ein Schlammpanzer

In der Savanne nehmen die Elefanten Schlammbäder, um sich von Parasiten zu befreien. Wenn der Schlamm trocknet, wird er hart wie ein Panzer, der gegen Sonne und Insektenstiche schützt.

Elefanten gehen mit ihrem Rüssel sehr geschickt um. Hin und wieder verstecken die Pfleger Leckereien wie diese Möhren. Die Elefanten haben ihren Spaß daran, sie hervorzuholen.

Wenn es in ihrem Gehege keinen Schlamm gibt, schützen die Zoo-Elefanten ihre Haut, indem sie Sand oder Erde auf ihren Rücken werfen.

Auch im Zoo gehen Elefanten zur Erfrischung gern baden.

Der Beruf des Pflegers

Wer ist denn der Mann da, der eimerweise frische Fische heranschleppt? Das ist der Pfleger der Pinguine! Jeder Pfleger ist für eine bestimmte Gruppe von Tieren zuständig. Um diese Tiere kümmert er sich jeden Tag: Er reinigt ihr Gehege, füttert sie und sorgt für Spaß und Ablenkung. Dabei sieht er nach, ob sie alle gesund sind. Das ist schwere Arbeit.

Fischotter werden manchmal mit lebenden Fischen gefüttert, damit ihr Jagdinstinkt erhalten bleibt.

Der Pfleger füttert die Pinguine zwei- bis dreimal täglich mit frischen Fischen.

Pfleger verbringen viel Zeit mit dem Reinigen der Gehege und Tierhäuser.

Sauber muss es sein!

Im Zoo haben Tiere weniger Platz als in der freien Natur, um ihr Geschäft zu verrichten. Deshalb wird ihr Revier schneller schmutzig. Der Pfleger braucht immer wieder Eimer und Schaufel, um alles aufzukehren.

Der Pfleger stellt Sportgeräte auf, damit sich die Tiere nicht langweilen. Er versteckt auch das Futter oder erschwert die Suche danach. Verhaltensbereicherung nennt man solche Maßnahmen.

Tagebuch

Der Pfleger schreibt alles auf: Die Brunftzeiten der Weibchen, die Paarungen, die Tragzeiten und die Geburten. Er holt auch den Tierarzt, wenn ein Tier krank oder verletzt ist.

Die Tiere gewöhnen sich an ihren Pfleger und fassen Vertrauen zu ihm.

Er bringt den Tieren gewisse Verhaltensregeln bei, damit die Pflege für alle einfacher wird. Zum Beispiel gewöhnt der Pfleger dem Elefanten an, den Fuß zu heben, damit er die Nägel schneiden kann. Die medizinische Versorgung gehört mit zu seinen Aufgaben.

Das Versteckspiel der Lemuren

Wo sind denn die Lemuren? Wenn sie sich in Bäumen und Büschen verstecken, kann man sie nur schwer sehen. Da, ein Katta! Mit seinem schwarz-weißen Ringelschwanz kommt er langsam auf allen vieren heran und macht es sich zu einem Sonnenbad gemütlich. Ach, da ist ja noch einer: Der Kragenlemur klammert sich an einen Baumstamm.

Lemuren kommen nur in den Wäldern der Insel Madagaskar vor.

Der Kragenlemur verbringt fast sein ganzes Leben auf Bäumen. Dort pflückt er die Früchte und Blätter, von denen er sich ernährt. Im Zoo kommt er zu den Mahlzeiten herunter auf den Boden.

Nacht am helllichten Tag!

Das Fingertier oder Aye-Aye ist nachtaktiv. Damit Besucher es auch tagsüber beobachten können, wird es in einem Nachttierhaus gehalten. Hier herrscht ein umgekehrter Tag-und-Nacht–Rhythmus.

Der Katta lebt in Gruppen, die viel am Boden bleiben. Mehrmals am Tag kommt er aus dem Gebüsch und setzt sich mit aufgestützten Armen und gespreizten Beinen ins Gras, um ein Sonnenbad zu nehmen.

18

Die Spiele der Affen

Die kleinen und großen Affen sind sehr verspielt. Sie schwingen an Seilen, klettern Leitern hoch und rutschen an Baumstämmen hinunter. Sie sind auch sehr geschickt bei der Futtersuche!

Dieser junge Rhesusaffe wird von einem anderen frechen Äffchen verfolgt, das ihn am Schwanz ziehen will. Deshalb ist der Kleine auf eine Strickleiter geflüchtet. Durch das Spiel wird er in seinen Bewegungen immer sicherer.

An ihren langen, gelenkigen Armen schwingen junge Orang-Utans gern von Seil zu Seil, wie auf Borneo von Ast zu Ast.

Lustiges Spielzeug

Alles, was man rollen, werfen, als Kletterobjekt oder Versteck benutzen kann, hilft den Affen, sich zu zerstreuen. Dazu zählen Reifen, alte Schiffstaue, Fässer, Pappe und vieles mehr.

Lemuren und Affen gehören genau wie wir Menschen zu der großen Familie der Primaten.

Viele große Affen wie die Schimpansen sind sehr geschickt mit den Händen. Im Zoo gibt ihnen der Pfleger ab und zu Stöckchen, mit denen sie in nachgebauten Termitenhaufen nach Insekten stöbern können.

Die Gemeinschaft der Wölfe

In diesem Gehege leben unsere heimischen Wölfe. Sie leben stets in Rudeln und verstehen sich sehr gut. Doch sie müssen den Befehlen ihrer Leitwölfe gehorchen und dürfen nicht grundlos kämpfen oder sich beim Fressen vordrängeln. Und wenn Welpen geboren werden, kümmert sich das ganze Rudel um sie.

Jeder Wolf hat eine eigene Persönlichkeit: Je nachdem sind sie eher knurrig, schelmisch, verspielt oder zum Kämpfen aufgelegt.

In Europa leben die Wölfe in Rudeln von vier bis fünfzehn Tieren. Jedes Rudel wird von einem Wolfspaar, den Alpha- oder Leitwölfen, angeführt.

Jeder an seinem Platz

In jedem Rudel gibt es ein Paar, das über die anderen bestimmt. Das Alpha-Paar herrscht über die anderen Wölfe, die Beta-Wölfe. Es gibt auch noch einen Omega-Wolf, der allen anderen Wölfen untergeordnet ist.

Jeder Wolf hat eine ganz bestimmte Position im Rudel und die Wölfe erinnern einander ständig daran. Gespitzte Ohren, aufgestellter Schwanz bedeutet: „Ich bin dein Chef." Eingezogener Schwanz, zurückgelegte Ohren: „Ich gehorche dir."

Alle Angehörigen des Rudels kümmern sich um die Welpen. Sie füttern sie und spielen mit ihnen. Wenn das Wolfsjunge Hunger hat, leckt es an den Lefzen eines ausgewachsenen Wolfes und beißt hinein. Dann würgt der große Wolf ein Stück Fleisch aus seinem Magen.

Groß werden ist nicht einfach!

Im Zoo kann ein junger Wolf nicht einfach loslaufen und sein eigenes Rudel gründen. Er muss seinen Platz in dem Rudel finden, in das er hineingeboren wurde. Wenn zu viel gekämpft wird, muss der junge Wolf das Gehege wechseln.

Zur Fütterungszeit wirft der Pfleger Fleischbrocken ins Gehege. Die Rangfolge wird eingehalten: Erst fressen die Leitwölfe, dann kommen die anderen an die Reihe.

Zur Bestätigung ihrer Vorherrschaft heulen die Leitwölfe mehrmals am Tag.

Es gibt was zu fressen!

Im Zoo müssen täglich Hunderte von Tieren gefüttert werden. Klack, klack, klack … in der Futterküche schneidet der Pfleger rasch das frische Obst und Gemüse, die Fleischstücke und den Fisch in passende Portionen. Jedes Tier hat seinen eigenen Speiseplan. Dann lädt er die Fressnäpfe in seinen Kleintransporter und fährt durch den Zoo zu den Gehegen der Tiere.

Luzerne, Möhren, Sardinen, Rindfleisch, Hühnchen … Jeden Tag fressen die Tiere Hunderte von Kilogramm Futter. Es wird gekühlt oder gefroren in großen Hallen gelagert.

Ein natürliches Menü

Der Futtermeister erstellt den Speiseplan der Tiere entsprechend ihren Ernährungsgewohnheiten in der freien Natur. Die Raubkatzen fressen rohes Fleisch und fasten an zwei Wochentagen. Die Gorillas dagegen fressen vier- bis achtmal am Tag frisches Obst.

Drei Salate, fünf Äpfel, zwei Rote Beten: Das ist die Ration des Katta. Der Pfleger schneidet das Obst und Gemüse in Stücke. Dann füllt er es den Anweisungen des Futtermeisters entsprechend in die Fressnäpfe.

Der Pfleger lädt die Fressnäpfe in den Kleintransporter und fährt die Gehege ab, um sie an die Tiere zu verteilen.

Als Nahrungsergänzung bekommen die Tiere zusätzlich mineral- und vitaminhaltiges Trockenfutter.

Einige Tiere, die eine bestimmte Diät einhalten müssen, sind im Zoo schwierig zu halten. Zur Ernährung von Koalas sind einige Zoos dazu übergegangen, Eukalyptus im Treibhaus zu züchten.

Die Pflanzenfresser richten sich nach den Jahreszeiten: Im Winter gibt es Litschis und Ananas, im Sommer Erdbeeren.

Die Siesta der Raubkatzen

Sie haben es sich gemütlich gemacht, mit ausgestreckten Pranken und halbgeschlossenen Augen – so sehen sie aus wie große Katzen. Auf einer Anhöhe hat sich die ganze Familie versammelt, und alle Raubkatzen halten Wache über ihr Gehege, von einem Ast aus oder aus dem Gebüsch heraus.

Die Löwen der afrikanischen Savanne leben in Rudeln. Sie halten sich gern in hügeligem Gebiet auf, wo sie ruhen können und gleichzeitig ihr Revier im Blick behalten.

Gepard oder Leopard?
Geparden haben zwei schwarze Fellstreifen, die rechts und links von den Augen zu den Mundwinkeln verlaufen.

Echte Schlafmützen

Ausgewachsene Raubkatzen müssen keine Feinde fürchten. Deshalb können sie täglich 18 bis 20 Stunden lang in aller Ruhe schlafen. Wer sie in Bewegung sehen will, muss sehr früh morgens kommen oder abends.

24

Sibirische Tiger sind Einzelgänger, die sich in der Natur nur zur Paarung treffen. Im Zoo gibt man einem Tigerpaar ein großes Gehege, in dem sich die Tiere aus dem Weg gehen können.

Mit seinem gestreiften Fell ist der Tiger im schattigen Dickicht des asiatischen Dschungels gut getarnt.

Aufgrund einer genetischen Variation ist dieser Tiger mit weißem Fell geboren worden. Das kommt in der Natur sehr selten vor.

Panther oder Leopard? Beide Wörter meinen dasselbe Tier.

Leoparden können sehr gut klettern. Auch im Zoo ziehen sie sich gern auf einen Baum zurück, um zu ruhen oder in aller Ruhe zu fressen.

Kleinkatzen und Großkatzen

Tiger, Löwen, Leoparden und Geparden zählen zu den Großkatzen. Sie können brüllen und strecken sich zum Schlafen aus. Kleinkatzen wie Luchse oder Katzen schnurren und schlafen zusammengerollt.

Das Sonnenbad der Krokodile

Ist das heiß bei den Krokodilen! So reglos, mit aufgesperrter Schnauze sehen sie aus, als würden sie schlafen, eingelullt vom Rauschen des Wasserfalls. Doch im Gegenteil: Sie sind sehr aktiv! Sie speichern die Energie des künstlichen Lichts, um nicht zu erfrieren. Und falls ihnen heiß wird, können sie zur Erfrischung ein Bad nehmen.

Das Krokodil, der Kaiman und der Alligator gehören alle zur großen Ordnung der Krokodile.

Krokodile verbringen viel Zeit mit dem Aufwärmen ihres Körpers. Sie liegen reglos unter den Wärmelampen und reißen die Schnauze weit auf, um die warme Luft der Umgebung aufzunehmen.

Kaltblütig!

Krokodile sind Kaltblüter. Sie brauchen Wärme von außen, um die überlebenswichtige Körpertemperatur von 32°C zu erreichen.

Augen und Nasenlöcher der Kaimane sind auf dem oberen Teil des Schädels angeordnet, sodass sie beinahe vollständig untertauchen können. So lauern sie ihrer Beute auf, ohne selbst gesehen zu werden.

Bei den Mississippi-Alligatoren wacht das Männchen eifersüchtig über seine Weibchen und das Revier. Wehe, wenn ein anderes Männchen sich nähert, es wird sofort angegriffen!

Wer ist hier wer?

Bei Krokodilen ragt bei geschlossener Schnauze sichtbar ein Zahn von unten nach oben, beim Kaiman genau umgekehrt von oben nach unten. Alligatoren dagegen haben ein rundliches Maul, Gaviale eine lange, schmale Schnauze.

In der freien Natur legen die Krokodilweibchen ihre Eier im warmen Sand ab. Dort bewahren sie bis zum Schlupf die richtige Temperatur. Im Zoo werden die Eier eingesammelt und im Brutapparat schön warm gehalten.

Krokodilmädchen oder Krokodiljunge?
Unter 30 °C schlüpfen Weibchen aus den Eiern. Wenn es heißer ist, werden es Männchen.

Der Ganges-Gavial verbringt viel Zeit im Wasser. Mit seiner langen Schnauze kann er sehr gut Fische fangen.

Die Neugeborenen

Der Zoo hat Nachwuchs bekommen: drei Geparden, einen Riesenpanda und ein Breitmaulnashorn. Das ist sensationell! Einige Arten pflanzen sich in Gefangenschaft gut fort, andere brauchen jedoch sehr lange, um Junge zu bekommen. In den meisten Fällen kümmern sich die Tiere allein um ihre Babys, aber vor allem bei gefährdeten Arten wird der Nachwuchs genau überwacht.

In der trockenen afrikanischen Steppe sucht die Gepardin einen ruhigen Ort zum Gebären. Im Zoo sondert sie sich in ihrem Haus von den anderen Tieren ab. Dort kümmert sie sich zwei bis vier Monate lang um ihre Jungen.

Die Kängurumutter versteckt ihre Zitzen im Beutel.

Kostbare Babys

Es kommt vor, dass ein junges Muttertier sein Baby vernachlässigt. Handelt es sich um eine bedrohte Tierart, füttern die Pfleger das Junge, bis es sich selbst versorgen kann.

Die Berberaffen pflanzen sich im Zoo ebenso gut fort wie in den Bergen Marokkos und Algeriens. Jedes Weibchen bekommt durchschnittlich ein Junges im Jahr.

Riesenpandas pflanzen sich bereits von Natur aus selten fort und ihre winzigen Babys sind sehr empfindlich. Da sie in den chinesischen Wäldern vom Aussterben bedroht sind, wurden Zuchtprogramme eingerichtet.

Die Tiere, die wir im Zoo bewundern, wurden zum Großteil bereits in Gefangenschaft geboren.

Das Breitmaulnashorn hat große Mühe, sich in Gefangenschaft fortzupflanzen. Es gibt nur sehr wenige Geburten.

Was Bären so fressen

Pass auf, du kleiner Amerikanischer Schwarzbär! Das Bärenjunge ist so verfressen, dass es sogar auf Bäume klettert. Und was macht der Braunbär da unten? Er leckt ein Erdbeereis! Diese Vielfraße fressen einfach alles ... Dann verdauen sie stundenlang in aller Ruhe in ihrem Versteck. Was für ein Leben!

Im Zoo ist es gar nicht nötig, Robben zu jagen. Der Eisbär bekommt jeden Tag frische Fische!

Nach den harten Wintermonaten lässt sich der Amerikanische Schwarzbär, auch Baribal genannt, die Knospen und zarten Blätter schmecken. Auch im Zoo klettert er in die Bäume hinauf, um die frühlingsfrischen Blätter zu fressen.

Nicht wählerisch

Bären mögen alles: Obst, Blätter, Fische und Fleisch ... Sie sind Allesfresser.

Der Braunbär findet im Herbst in den Wäldern Europas und Nordamerikas Nahrung in Hülle und Fülle. Danach fällt er in den Winterschlaf. Auch im Zoo richtet er sich nach den Jahreszeiten: Im Winter frisst er weniger und schläft mehr.

30

Der Eisbär zählt weltweit zu den größten Fleischfressern. Einige Männchen werden über drei Meter lang.

Eisbären in Gefahr

Der Eisbär lebt in den eisigen Gebieten der Arktis und ernährt sich von Robben. Da das Packeis aufgrund der globalen Erwärmung schmilzt, ist sein Überleben gefährdet.

Die Pfleger haben diesem Asiatischen Schwarzbär oder Kragenbär eine Hängematte gebaut, damit er in luftiger Höhe ruhen kann, so wie auf den hohen Bäumen in den Wäldern Asiens.

Hin und wieder bereiten die Pfleger witzige Zwischenmahlzeiten wie dieses Erdbeereis zu. Das schmeckt und der Bär ist ein Weilchen beschäftigt.

Zebras und Antilopen

In Afrika leben interessante Pflanzenfresser!
In der weiten Savanne traben zehn
Steppenzebras im Takt. Der Hengst mit dem
schönen schwarz-weiß gestreiften Fell führt die
Herde an. Auf ihren langen, zarten Beinen eilen
anmutig die Antilopen herbei.

**Zebras gehören zur
Gattung der Pferde.**

In der afrikanischen Savanne lebt das Steppenzebra.
Auch im Zoo führt ein Hengst die Herde an,
die aus seinen Stuten und ihren Fohlen besteht.

Das Grevyzebra ist ein Einzelgänger.
Es trifft sich nur zur Paarung mit einer
Stute. Man erkennt das Grevyzebra an
den feinen Streifen und den runden Ohren.

Tarnung

Durch das gestreifte Fell sind die
Umrisse eines einzelnen Zebras in der
Herde nicht mehr auszumachen. Für
Fressfeinde wird so die Jagd erschwert.

Im Zoo teilen sich Zebras und Antilopen wie das Impala (oder Schwarzfersenantilope) oft ein Gehege. In der Savanne warnen sie einander, wenn ein Raubtier auftaucht.

Eine große Familie

Es gibt mehrere Dutzend Antilopenarten auf der Welt. Die kleinste, das Dikdik, ist nur wenig größer als ein Hase, aber die größte, das Riesenelen, kann über eine Tonne schwer werden.

Nach der Geburt ist die Thomson-Gazelle noch sehr schwach. Sie versteckt sich in den ersten zehn Lebenstagen im Schutz eines Gebüschs. Dort wartet sie auf ihre Mutter, die sie alle vier bis sechs Stunden säugt.

Wenn es den Springbock-Antilopen in ihrem Gehege zu eng wird, werden sie streitlustig.

Ballett der Vögel

Der Frauenlori knabbert in seiner kleinen Voliere an einer saftigen Apfelhälfte. In der Nähe brüten acht Königsatzel gemeinsam in den Nistkästen, die ihr Pfleger ihnen gebaut hat. Im Außengehege stolzieren zwei schöne Grauhals-Kronenkraniche und öffnen weit ihre Flügel ... welch ein Schauspiel!

Wenn die Vögel sich zur Schau stellen, heißt das, dass sie sich in ihrem Gehege wohlfühlen.

Der Frauenlori pickt in den Wäldern Neuguineas die Früchte auf den Ästen. In der Voliere werden Äpfel an den Stangen befestigt.

Fliegen verboten!

Einige Vögel wie die Rosaflamingos und die Kraniche leben in Gehegen ohne Dach. Damit sie nicht wegfliegen, stutzt man ihnen die Schwungfedern, die sie zum Fliegen bräuchten.

Die Südafrika- oder Grauhals-Kronenkraniche präsentieren sich für die Balz: Das Männchen tanzt vor dem Weibchen und breitet seine großen Flügel aus.

Die Pfleger bauen eine Schlammkuhle, um die Flamingoweibchen zum Nestbau anzuregen. Diese nehmen den Rastplatz gern an.

Damit sich die Vögel in ihrer Voliere wohlfühlen, achten die Pfleger darauf, dass es genügend Stangen und dichtes Blattwerk gibt, in dem sie sich verstecken können.

Wie im Nest!

Nicht aus allen Eiern schlüpfen die Küken im Nest. Wenn die Vogelart gefährdet ist, holen die Pfleger die Eier aus dem Nest und legen sie in einen warmen Brutkasten. Dort werden sie regelmäßig gedreht, so wie es auch die Vogelmutter tun würde.

Das Vogelnest ist wie eine Wiege, und ohne Wiege gibt es keine Babys.

In den Wäldern Indonesiens nisten Königsatzel in Gruppen von mehreren Dutzend Paaren. Im Zoo werden Nistkästen nebeneinander an die Baumstämme gehängt.

Zurück in die Natur

Jetzt kommen wir zum Gehege der Przewalski-Pferde, die beinahe ausgestorben wären. Aus den Zoos konnten sie in ihren ursprünglichen Lebensraum in der Mongolei zurückgeführt werden. Ähnliche Erhaltungsprogramme gibt es auch für weitere vom Aussterben bedrohte Tierarten wie die Mendesantilope, auch Addax genannt. Doch die Rückführung eines Tieres in seinen natürlichen Lebensraum ist alles andere als einfach!

Das Przewalski-Pferd, das wie das Zebra eine Stehmähne hat, war in der freien Natur ausgestorben. Seit es mit Erfolg zurückgeführt wurde, galoppieren wieder 300 Tiere über die mongolischen Steppen.

Die Rückführung des Braunbären in die Pyrenäen ist schwierig. Die Schäfer wehren sich dagegen, weil die Bären ab und zu ein Schaf angreifen.

Schutz der natürlichen Umgebung

Einige Zoos helfen einzelnen Ländern bei der Erhaltung ihrer Naturlandschaften. Auf diese Art können bedrohte Arten dort weiterleben. Diese Maßnahme nennt man „In-situ-Erhaltung".

Die Kühe und Bullen der Mendesantilope werden zur Rückführung in ihren natürlichen Lebensraum sorgfältig ausgewählt. Sie werden zunächst betäubt und dann mit Flugzeug und Lastwagen in die Wüste Sahara gebracht.

Dank eines Erhaltungsprogramms pflanzen sich die Mendesantilopen, die in ihrer Heimat, der tunesischen Wüste Sahara, bereits ausgestorben waren, in Zoos wieder fort.

Lernen, in der Wildnis zu leben

Im Zoo geborene Tiere wissen oft nicht, wie sie sich in der freien Natur verhalten sollen. Sie müssen lernen, sich selbst zu ernähren und ihren Fressfeinden aus dem Weg zu gehen.

Bevor sie freigelassen werden, entlässt man die Mendesantilopen in riesige Gehege, wo sie sich erst mal an die neuen Lebensbedingungen gewöhnen sollen.

Die Mendesantilopen haben sich gut akklimatisiert. Sie bekommen sogar schon Nachwuchs!

In derselben Reihe erschienen:

Alles über Bienen
ISBN 978-3-480-22335-0

Wie sieht ein Bienenstock von innen aus? Wie wird aus Nektar Honig und was macht eigentlich die Königin? Ein Blick hinter die Kulissen der fleißigen Insekten.

Alles über Obst und Gemüse
ISBN 978-3-480-22324-4

Was ist der Unterschied zwischen Obst und Gemüse? Und was versteht man unter Fruchtgemüse? Dieses spannende Buch führt von der Saat über die Ernte bis zum Marktstand.

Auf dem Bauernhof
ISBN 978-3-480-22262-9

Wie wird die Milch zum Käse? Wie arbeitet ein Mähdrescher? Und was wird aus Wolle gemacht? In diesem Bauernhofbuch steckt mehr drin, als Kühe, Hühner und Schweine!

Rund ums Wetter
ISBN 978-3-480-22307-7

Wie entsteht ein Regenbogen? Was ist ein Orkan? Warum bringen Wolken Schnee? Dieses Buch gibt einen spannenden Einblick rund um Schäfchenwolken, Tsunami und Co.

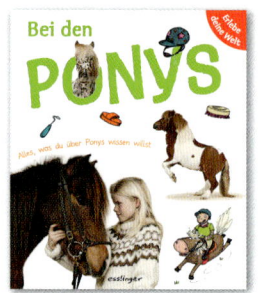

Bei den Ponys
ISBN 978-3-480-22263-6

Was ist eine Kardätsche? Wie fange ich ein Pony ein? Dieses Ponybuch überzeugt mit umfassenden Informationen – von der Geburt eines Fohlens bis zur ersten Reitstunde!

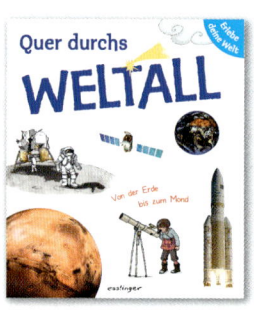

Quer durchs Weltall
ISBN 978-3-480-22423-4

Welche Planeten drehen sich im All? Was ist ein Sonnensystem? Und woher kommen Meteoriten? Dieses faszinierende Buch entführt Kinder in die unvorstellbaren Weiten des Alls.